EL JARDÍN DE LAS HESPÉRIDES

Guillem Rojo i Gallego

El jardín de las Hespérides

Primera edición 2025

© *Guillem Rojo i Gallego 2025*

© *Editorial Poesía eres tú.*
https:// poesiaerestu.com
C/Dr. Fleming Nº50, 4ºD
28036 Madrid
Teléfono: 34 91 345 38 17
Fax: 34 91 350 80 54

ISBN: 978-84-18893-96-4
Depósito Legal: M-7506-2025

EL JARDÍN DE LAS HESPÉRIDES

GUILLEM ROJO I GALLEGO

*A Maria Carmen, cuyo nombre es poesía,
en el fuego de la noche y en la estrella del alba
rumbo hacia el brillo de la tierra roja en el ocaso.*

¡Ay!, girando en la danza de las horas doradas,
de la Hélade, la huida del tiempo no sentiste;
eternos como llamas de vestales, ardían
y el amor y el buen ánimo en cada corazón;
*y, cual de las **Hésperides** los frutos, florecer*
eterno, allí, orgulloso gozo de juventud.
Friedrich Hölderin

- EGLE -
ESPLENDOR

Génesis

El cielo y la luz...
Un destello que va rebosando vida a través del azul cósmico,
un baño fugaz de efemérides, que danzan,
viajan y surcan un sendero estelar.

Febril aromático cosmos, la totalidad de espíritu y materia,
espíritu y viento, cuerpos de barro que,
se entrelazan, mientras los gajos de una media naranja,
vuelven convertidos, en calor humano,
en cítricos repletos de la fantasía y su refugio,
viaje de la utopía, hacia la tierra.

El alma de la mente,
la mente latente de la naturaleza...

Deja que sienta esa vibración, desde tus raíces,
que llama a *Selene* cada noche,
para un goce etéreo en el origen de la caricia.

Llama a la puerta del deseo
un haz de luz dorado,
y surca los mares de la vida y el amor
a lomos del placer hedónico.

Perseidas luminosas,
que engendran cultivos de arcilla.
Gametos celestes que buscan su germen sideral,
origen de la vida, fulgor creciente en el vientre de la tierra,
criaturas de la madre naturaleza.

Aire, viento y brisa...
Respira, éter de la existencia.

Ars Amandis

Tu mirada roza la verdad del desnudo,
y con este trocito de cielo,
las heridas del peso de la gente,
instan por ser conquistadas contra ilusiones imposibles,
con mi razón de ser observado por tu origen,
en un juego de espejos de la búsqueda total de la sangre del
                                                    [poeta,
la sangre del corazón sabido y conocido más allá,
y derivado de odiseas con nombre propio,
tan cerca al de *amar*,
tan cerca como tu tacto,
y tan magnético como tu ser.

Hálito

Culminante sabor de tu fragancia,
salivando encanto dentro de mí.
Mitades de un dios *Jano,*
heterogéneo linaje delicioso,
ingrediente de esplendor en esta vida.

Recorro tu cuerpo,
laberinto de ilusiones y deseos,
y esbozo lenguajes adivinatorios
acariciando carne viva, piloerección masiva.

Al llegar a esta creación, por vez primera,
siendo todo respiro y llanto de algarabía,
marqué mi punto de esplendor en la constelación,
extendiéndose a la segunda, mi nacimiento de orbe leal,
cuando te conocí, e hiciste de mi existencia una armonía vívida,
llena de colores cálidos teñidos por el amor que me das,
lo mejor que tengo en este mundo, tan maravillosamente
                                        [anómalo,
en el que no encajamos ni tú, ni yo, ni la verdad de nuestra
                                        [alma,
descubriendo que aquellos que no se acoplan en esta tierra,
es que han venido a mejorarla.

Egle o brillo

Sentir el rocío del amanecer entre los dedos de los pies,
tras caminar y deambular por luciérnagas terrenales,
realce del mero destello del alba.

Somos tan afortunados de vivir y de poder luchar,
de despertar cada porvenir, de ilusiones y esperanzas,
de gloriosas incertidumbres, de abrir los ojos y encontrarte.

Y mi mente se va a un mismo pensamiento.
¿Por qué callar lo que hay que decir?
¿Por qué olvidar tus huellas silenciosas,
que hoy retumban en mi cabeza?

Lo salvaje se encuentra en el arte,
genio imaginativo y carnívoro,
pues el derretirse está prohibido,
y lo ilícito se hace eco de la nada y el todo.

Existe una oportunidad al amanecer
del estallido enlevado, justo en el beso,
donde se estremece y vibra el amor.

Toma un fruto de cada árbol,
saborea el jugo de su aliento,
esparcido en corpúsculos sidéreos,
repletos de ansias pasionales,
que empiezan y nunca acaban,
cariz de tu boca.

Un día la hierba te hará sangrar,
y de los brotes fluidos nacerán bulbos,
a cada paso que des,
y tu conexión a este mundo se confirmará
con más fuerza que algún día alcanzaste a imaginar.

Torso del suspiro

El jardín de la libídine,
el jardín de tu seductor pecho,
donde mis manos han amasado tierra sexual,
al compás de tu mador,
robando aullidos de mi alma extasiada,
excavando en lo profundo de mi culminación,
sementando en mi rosaleda de durazno,
en mi jardín prohibido,
jardín en llamas imperecederas,
chocando nuestros cuerpos,
en la recomposición de nuestras extremidades,
porque todos somos hijos del deseo.

Amarelo

Encaramado a tu roca,
donde la muralla de la contención se derrumba
y el recorrido de la fugacidad comienza,
leo detenidamente esa carta en la que me resguardo,
y con la cual, a la vez, me sacudo, en fragmentos,
sintiéndome arraigado a un ficticio de pura persuasión,
engarce de los hados.

De vez en cuando nace algo,
que me permite trascender de la realidad y
me ayuda a sobrevivir, un arte,
algo así como la belleza,
elevándome el alma, y te imagino,
porque has hecho en mí una fusión a tu pecho,
donde la trascendencia y la identidad,
tienen nuevos conceptos de arraigo,
y aquella muralla es puro céfiro,
sin distinción de orientación,
más que a tu embocadura de viva exquisitez,
mientras me miras, encontrándome en el silencio.

Donde habita la belleza

Donde habita la belleza,
es el lugar al que perteneces,
y la bandera de ese paraíso eres tú,
desnudo, envuelto en un paño de altar.

La verdadera llave del mundo es el amor,
y el alma la forja y le da forma,
puesto que este universo
está gobernado por dos seres sentimentales,
el amor y el miedo,
solamente uno decide a que perro alimentar más,
y aquel que esté más saciado vencerá,
en el interior de tu ser,
y habitará en un lugar lleno de hermosura inconmensurable.

Lucero sereno

Y sigues creyendo que hay una puerta,
que pronto encontrarás la llave de la cerradura,
que al abrirla, la plenitud inconmensurable te aguarda con él,
mas no escuchas a *Eros*, cómo te susurra,
cómo te envía la señal de conciencia, cómo te advierte,
de que no es una puerta lo que con tantas ansias deseas abrir;
es un muro, irrompible, inalterable, indestructible,
que jamás abrirá aquella cerradura que con afán y hambre
                                [quieres descubrir,
puesto que con él, ya no hay más puertas que extender.

Eros siempre estará ahí para tu resguardo,
y no temas ver el muro.
Haz camino hacia el lucero sereno,
que acecha siempre a tu corazón,
y atisba el horizonte,
apartando un velo de desdicha de tu mirar.

Fantasía

Fuera convencionalismos, dentro fantasía,
fuera autoritarismo, dentro fantasía,
fuera paternalismo, dentro fantasía,
fuera conservativismo, dentro fantasía,
fuera dispersiones, dentro fantasía,
fuera egocentrismos, dentro fantasía,
fuera burlones, dentro fantasía,
fuera esa persona que rechaza la diversidad, dentro fantasía,
fuera porquería, dentro fantasía,
fuera todo aquello que te hace daño, dentro fantasía,
fuera el sacrificio, dentro fantasía,
fuera candados, dentro fantasía,
fuera el odio, dentro fantasía,
fuera injusticias, dentro fantasía,
fuera mentiras, dentro fantasía,
fuera, fuera, fuera...

Quiero desterrar cada ápice de extensión,
de la contaminación estructural, perenne,
y sin embargo, huella que crea, huella que deja.
Retumba exhalando atención una voz inmensa,
en el disparo de lo aprendido, dejando atrás,
aquello que se sostuvo en pie, en cimientos
fangosos de ideales y faltos de magia frutal,
el fruto del saber, que amor proporciona,
y que el cimiento aurificado de manzana,
presenta el olvido para dar cabida a lo esperado.

Fuera, fuera, fuera...
... fuera el resto del mundo,
sólo tú y mi fantasía.

Aura de azahar

Aquella luz, que de entre los árboles nace,
alma cándida que cuida de tu ser,
y lleva de la mano hasta la centella más pura,
un mar de verde ensueño.

Una luminosidad del aire,
del viento, que moldea el cuerpo,
y nos conduce a la destreza del primor humano.

Resplandor de luz cálida,
aura de azahar en comunicación con la brisa marina,
pisando tierra de la constelación emergente.

Renacer

¿Cómo poder querer tanto,
que ni la ignorancia importa?
Es un deseo ardiente de paciencia y nostalgia,
partiendo al camino de un nuevo paraje.

Ni las palabras, ni los gestos,
pueden llevarme a la condición de recíproca insuficiencia,
ahora, todo eso no importa.

Cielo dorado, que los momentos pasados
son fruto de lo amado, y lo presente de lo vivido.

Ahora ya, con nueva piel, nuevos ojos y nueva voz,
no puedes comprender el descontrol de mi alma viviente,
el conocimiento de mi yo inédito,
el verdadero ser que te ama tanto,
y que no sabes cómo querer,
con encanto de soñadora existencia.

Parte una nueva fase,
desconocida todavía para ambos,
en la que sujetas una altivez de desprecio,
y busco una inocente sonrisa a cambio.

¿De dónde ha surgido todo esto?
La comprensión se escapa de mi poder,
y la magia eterna desvanece tu silueta,
intacta hasta entonces.

Salto de agua

¿Qué sonrisa emergente me despierta de la noche?
¿Qué palabra de cariño anuncia la resurrección del bienestar?
¿Qué dulzor empapa, por completo, la mañana tras el alba
                                                    [encendida?

Posible es que tú, y solo tú,
hagas aparecer un alma cándida a mi alrededor,
haciendo crecer un diluvio de ilusiones afiladas a la hermosura,
cumpliendo un inesperado suceso soñado.

Sol abrasador de ardor,
quémame con tus llamas de afección y locura,
posa tus rayos en mis hombros,
desciende a través del salto de agua de mi cuerpo y figura,
y pronuncia el nombre del eco de las olas,
el paradigma del latido de las nereidas.

Cólquida

Hablar con la voz humana, el más libre instrumento
y exento de eclipses, reflejando siluetas entre hechos mágicos,
esa que hace que todo se transforme y que, con su melodía de
[emoción,
puede emprender nuevas y misteriosas andanzas sobre el
[instante absorbido.

Si eres paz, das ternura,
si eres bondad, das placer,
si eres *Eros*, das exaltación.

Transforma en movimientos el eco de la tierra,
el reflejo de la luz y el sentir del aire,
y llena tu vida de danza, danza, danza, y nada sobre el aire,
dando todo aquello que permite adentrarte en la unión del
placer y el secreto,
volviéndose al camino de la revelación de las hadas.

Ecuménico

Cuando vuelva a verte, será como la última vez.
Cuando te tenga en frente, no habrán pasado los años desde tu
[partida.
Cuando te bese, lloraré de emoción y no por tu muerte.
Prométeme que me buscarás, en esa otra vida,
allá dónde sea que vayamos.
Búscame sin detenerte.

Prométeme que nuestras almas,
se reencarnarán una y otra vez,
hasta que nuestro magnetismo ecuménico
nos vuelva a entrelazar en el azar lácteo,
una y otra vez...

Prométeme que tu alma, errará junto a la mía,
plasma argénteo de puro valor,
mezcla de sentidos cósmicos.

Brisa aguamarina

Cantar al amor, al son del eco del agua,
agua en ondas radiales,
cuerdas vibrantes de tu corazón, amor,
que conduce, arrastra y llena de éxtasis,
el aire de mi alma viviente,
sempiterno ensueño de fortuna estelar,
producto de tus suspiros de pasión.

Al nacer Selene, en el azul oscuro,
se convierte en bermello vivaz de mis respuestas,
hacia la utopía real de mi reflejo,
reflejo de mi ser, tus ojos,
que son mis ojos de viento,
brisa aguamarina del universo,
nuestro más puro firmamento.

Gorguera

A la entrada del bosque,
en el corazón del faro escénico,
la naturaleza llama a la puerta,
vestida del resurgir del siglo dorado,
conmovida por el esplendor de la esencia efímera.

Éter

Me encuentro en el aire constantemente,
y allí saboreo el ansia del idilio.

Vuela, despliega tus propias alas,
y disfruta de la inmensidad del firmamento.
Allá arriba, allá abajo,
está la magnitud de la real existencia.

Yo soy éter, tú eres linfa,
y él es gallardía, surcos que coinciden en la vida.

Efigie

Nuestros sexos, que convergen en la unión,
entre la cumbre y el canal del océano,
en salvaje corriente hacia lo infinito del placer,
expiran la travesía del roce súbito.

Tú, qué me ves desde dentro,
ahora fuera, ya no tiene similitud la efigie de mi cuerpo,
y comprenderás la condición del ser etéreo,
del mismo modo que su índole pandórica.

Abre sus puertas, deja brotar
y surgir de entre los ancestros,
las raíces que nos acaecen a todos.

Derrama tu sed de anhelo,
y esparce su esperanza sobre mi cuerpo,
hechizando cada contorno marginado del destemple,
y absorbe cada gota de vida traslúcida.

Manzana dorada

Y al convite del nacimiento, del amado de Patroclo,
cuyo cuerpo fue moldeado por los dioses,
y su valor lo proclamó leyenda,
se desdijo Eris, la única no invitada.

Tetis con su solemnidad,
procuró por todos los medios que, su querido hijo,
fuera uno más de su propia estirpe,
y Peleo siguió los pasos sabios,
que le condujeron el centauro Quirón.

Del jardín de las Hespérides,
Éride quiso sustraer la fruta dulce pomácea,
con áureo resplandor, que de hecho,
era el cítrico por excelencia,
tras su desdicha por la marginación.

Esta naranja, que de gajos se componía,
solo podía pertenecer a la más bella,
de todas las personas de la gaia.

Kallisti, kallisti...

Sólo la apolínea persona podrá saborear su jugo,
compuesto de sangre del Pélida,
y tras siglos de historia y mitos,
el citro sigue rondando por el ocaso,
plagando de luz cobriza a las hijas del atardecer,
llevando consigo lo mejor del día,
y mutando a la mañana siguiente.

Oleicultura

Olivo de mi alma,
traslúcido ser de próspero humor,
deja que la chispa traspase tu corazón,
de esmeralda y de tierno matiz,
hasta las entrañas de tu raíz,
inquebrantable origen de adoración secular,
sintiendo el regocijo del esplendor del forraje frutal.

Visceral

Recuerdo al octavo mes con efusivos encuentros.
El sudor de tu cuerpo, se desliza por mi piel,
acariciando una misma idea, un mismo pensamiento.
¿Fue el suspiro del río, y su vorágine en torbellino,
el momento más seductor a tu lado?
Verde, amarillo y azul, se entremezclan en el líquido
[burbujeante,
mientras me agarras por el cuello, con tus manos de sastre.
Misterio de los cometas, testigos de lo vivido,
que nos acompañaron un instante eterno,
mas tu premeditación de falaz, turbó el adiós del estío,
agregándole a tu colección un sello más,
sin ser capaz de ver a quien tienes en la vera del mediterráneo.

Visceral II

Sol de atardecer, que me refresca, me ilumina,
me acompaña en mi transición
a la bravura del momento.
Silencio cómplice, ruidoso enamoramiento,
con un rincón selvático resguardándonos,
de una memoria, no muy pasada.

Tremendo desparrame
seguido de una calma honesta,
amistad verdadera, de mejilla sonrosada
y liviana lengua que, en sueños,
reposa sobre la mía.

Sobre todos nosotros

Y desde los amantes tímidos a la luz del alba,
recostados en el sudor del presente,
sobrevuelan nocturnas hadas
hacia un gemido sincronizado al sustento de la carne,
un camino sin retorno al estudio de la belleza en la naturaleza
                                                [del alma,
porque todos somos naturaleza del sexo explícito
a la creación más sincera en el cielo rojo que,
al igual que la sangre se vierte desde el corazón,
las raíces de esta tierra absorben tu sabor de querer.

Pétalo

Flora de mi viveza, que te cubres
por mantos de pétalos, y hacia la cumbre
un rayo de luz fresca habita en mi sien.

Recuesta tu bello rostro en mi horizonte de tinieblas,
y aclara, luz del alba, el riachuelo dulce,
savia de suave perfume,
rigor de fortuna tremenda.

Brusco forcejeo y tempestad de amor,
bráctea de mi océano verde,
inflorescencia de nuestra umbela,
púrpura magia de mi corazón,
porque este, nos lleva a lo más elevado,
a lo sublime de esta fascinante existencia,
a la conexión más real de uno mismo.

Alas

Risueño colibrí, cautivo de mi ser,
sombra de tu sombra, ángel de tu aleteo.
Susurro de brizna otoñal,
erguida fuerza descomunal,
vigor en mi vientre, taraza de amor
bordada a mano de fuego,
mordisco a mordisco.

Adelphé - αδελφή

Dicen que la mariposa que posa en tu piel,
fue forjada por la libertad floreciente de tu corazón,
bebiendo néctar de cada latido,
creciendo sobre tu brazo de fuego reflejo,
recorriendo mi cuello simbiótico a tus alas;
pero yo sé la verdad de tu navegación,
alma de diosa griega,
que tu criatura resiliente es el verdadero pulmón de tu ser,
origen y nacimiento de tu cuerpo,
volando a través de los siglos,
para convertirme en polvo de amor en vida,
trayendo contigo mensajes del otro mundo.

Placer

Me regocijo en el sudor de tu piel,
río de seda beige,
pálpito incesable de laurel,
beso tierno de flor negra,
dulce sabor en mi paladar,
que se fusiona con el tuyo.

Dame agua de tu manantial,
que estoy sediento de placer,
dame tu deliciosa presión,
que sube y baja por lo profundo,
en el suelo de mi cuero.

¿Cuán alto uno puede gemir de deleite?
Tan alto como el aire,
que parte cómplice del gozo,
trasportándote al edén,
y te arrastra por las alturas del éxtasis,
lavanda y cerúleo reflejo.

Florecido

Voy a perderme sobre las hojas que caen,
para que me busques y encuentres,
junto al dulce semblante,
entonces, podré dejar la huida,
la que me conduce al paso del descubrimiento de tu voz,
en el cruce de caminos del trato íntimo.

Bello huomo

No tengo más remedio,
que mirar el sendero por donde pisas,
dibujar una fina línea y llegar al sentido humano.

¿Cómo se traza el alma humana?
Si el cerebro lo conforma todo
y nuestro cuerpo queda absorto de vivencias,
el vientre de la noche, posee esa mágica energía,
que reposa en nuestro *ángel custodio*.

Llévame con él, tráeme al anochecer
y permítete contemplar su beldad,
con pies orgullosos al roce del otro,
y que de nuestras manos unidas por el puño,
de la unión más orgánica, conformemos juntos
el orgasmo compartido.

Manzana mordida

Eva, sólo tú has traído la inteligencia,
has desarrollado el don de la evolución,
has tenido inquietud de avanzar.

Cariño mío,
¿cuánto miedo puede tener la humanidad
por la belleza del saber?
Aquellos que quieren tapar fauces,
tragan quina temerosa de ciencia.

Un bocado de sapiencia,
un manjar de la cultura.
Todas aquellas *Evas* de la historia,
formad una constelación en la bóveda celeste,
y guiadnos por el quebrantamiento educacional rancio,
transgrediendo toda sumisión putrefacta.

Morded cada manzana,
dar bocados grandes y sabrosos,
sin piedad, sin temor a triunfar,
sin miedo en el alma,
y tragad la ilustración de las estrellas.

Mattianum

Origen del bocado,
garganta seductora
cascada y cañón de eco extasiado,
permanece en mi cuello.

Una errata llevó a la palabra
al denominado fruto prohibido,
sujeto de imagen lasciva,
de significado pecaminoso.

Realidad de tu esencia,
sin discordia frutal,
disfrute carmesí y dorado en el labio,
o cítrico galopado de jugo,
que atraviesa el canal
que retumba en el son de tu voz.

- ERITÍA -
TIERRA ROJA

Ariadna o la mezcla del destino

Hay algo que hace que vuelva a este lugar,
me llama en sueños recordando vidas pasadas,
una voz que tira de mi corazón hacía los cimientos de esta
[ciudad,
que un día fue mi hogar,
un hilo que me atesora y me guía, desde mis ancestros,
como *Ariadna* mantenía el ovillo a *Teseo*.
Una hebra que sobrevive al paso del tiempo,
rescatando la persona que una vez fui,
en otra vida, en la *Emérita Avgvsta*,
caminando sobre la calzada romana que un día,
con otro cuerpo y en otra era anduve,
porque el presente es un concepto que adquirimos del destino,
situándonos en la interdimensionalidad del espíritu.

De ese modo es como volvemos una y otra vez a este lugar,
porque fuimos felices,
dimos pasión a los límites de la muralla,
e ilusión frente a la estatua de *Livia*,
y recuerdo en sueños esa vida pasada,
que tira de nuestro corazón,
esclavo de la magia y capitán de lo profético.

Nostra insula

Fascinante alegría, de peso ilusionado,
de sonrisa yacente y vocablo amoroso.

Iremos a cultivar todo aquello,
a nuestra isla, a *Matumba Gali*,
donde la creación tiene insomnio de esperanza,
y el bulbo terráqueo supura de dulzura.

Mírame que te pueda ver,
tócame que te pueda sentir,
bésame que pueda hablar con tus palabras,
y soñar con tus pensamientos.

Aquella isla es nuestra,
y a cada alba nos llama diciendo,
"Parte a mí, surca los mares,
sigue la cometa de fulgor,
y aposenta tu querer, vuestro amor, aquí".

Trifasciata

Mañana de domingo,
sol naciente entre las varillas de mi persiana,
instantes de convulsión excitada,
confusión decisiva.

Debo atenerme a mi locura permanente,
que me hace sacar mi mejor parte,
y mezclarme con la independencia
de la lengua de gato que absorbe, vitamínica,
frente al ventanal,
reposando y viviendo momentos clorofílicos,
sin planteamientos etcetéricos.

Quiero palpar tu tierra,
deja que sea mi cama por unas horas,
quiero oler a barro
y aspirar tu aroma penetrante,
bañarme en tus sueños de raíz.

Germinar

Los lobos pertenecen al bosque,
mantenlos a raya y consigue su favor,
círculo de familia portentosa
y sujetos dispares de un origen.

Cada ser es fértil,
no existe la yerma humana,
pues la armonía da luz a la vida.

La divinidad se encuentra
donde se unen mi muslo con tu cadera,
y brota un mar de trepadoras frondas,
flor passionis,
porque todos somos vida,
todos somos naturaleza.

Semilla

Surge la simiente,
frente a la sociedad sexofóbica,
puesto que los años de inicio,
vinieron cargados de ocultamiento de felicidad.

Sentirte libre de mostrar satisfacción,
irradiando acto de amor,
una educación cambiante
donde la violencia es nula.

Semilla de un entrenamiento,
en el jardín pomario,
entre el Tigris y Éufrates,
donde recuerdo nacer
y entablar mimetismo animal.

Espejo que dispongo en tu poder,
poder de iluminar la tierra,
quedando grana superficie,
terracota ruborizada de sopor incesante.

Surca su vientre,
provechosa serpiente burdea,
dentellada liberación postular,
sanación emanante de toda muchedumbre.

Morada

Quiero vivir en la copa del árbol
y que las ramas de este lleguen a mis venas,
dibujando caminos cruciales en mi fauna,
sintiendo esta existencia de vida sobre fuste.

Mañana cubriré las hojas de nuevos tallos,
palos de pino y troncos de leña,
porque mi naturaleza me lo dice,
me aclama cada noche para matar algo de mí,
y me combate un nuevo resurgir al amanecer,
pasado y presente,
futuro e infinito.

Soy nuevo en mi hogar,
y muere en mí algo de polvareda.

Enséñame, *Tartessos*,
el alboreal que despierta una nueva posibilidad,
pájaro de vientre escarlata que inunda los cielos,
salvando un susurro, una canción,
una llamada de promesa.

Ardiente reposo

Fusión de cuerpo y espacio,
líneas que trazan un horizonte,
confín de deseos,
extendiendo un arrebol desde el corazón,
cruzando los límites de la piel,
y recorriendo una vereda de emociones cumbre
hacia las raíces de la tierra genuina.

Tierra vergel

Sosteniendo la esquina de mi corazón,
latente en esta tierra vergel,
confío en la llamada del astro naciente,
con su luz incesable,
y entiendo dar tiempo al tiempo,
gimiendo por dentro
la ventisca otoñal que acaricia mi piel,
pues debiera ser tu mano,
que con tus dedos había deseado tanto,
la que me hiciera un roce
en este momento memorable,
un sólo acto de amor.

Aguardo, mas mi alma ha cambiado,
ella no aguarda como mi cuerpo,
ella construye una catedral interior
de puro reconocimiento
sobre el jardín de mi mañana,
cultivando mi tierra vergel
que bombea sin cesar.

Siempre que la eterna mirada,
llegue al sonrojo perenne de tu piel,
arrastrado por borbotones de mordiscos,
de picante textura abrasante,
sabrás que el olor a tierra mojada,
estará después de haberte mezclado
en sus segmentos terrestres,
descubriendo nuevos osteolitos,
que un día formaron parte de ti.

Y mientras la lluvia chasquea el vidrio,
tú me inundas de tiernas lágrimas,
poderosas de placer húmedo,
manga de agua nívea,
cándida precipitación matutina.

Y observo la constelación de tu pierna,
lunares dispuestos en un triángulo radiante.

Redención

La tierra te va comiendo,
suavemente y sin que te des cuenta,
los días transcurren evaporando los recuerdos inminentes,
y la asfixia te llega antes de que puedas evitarla.

Al acecho de la opresión,
que crece de mañana y descansa de noche,
la máscara de *Agamenón* es tu mejor faz,
habiendo dispuesto a uno al combate rotativo
de un mero hecho cotidiano.

Veo las siguientes fechas y siempre es lo mismo
adrenalina estresada por jornadas interminables,
polvo de ilusiones esparciéndose en el aire,
oreando una pizca de esperanza en mi vientre.

Aun así, la cosecha de esta absorbente vida,
la cautivadora greda, se hace presente
y te recuerda a instantes el brote yacente,
por minúsculo que sea, de que el auriga,
volador del recuerdo de la tierra,
trae calor a tu lecho de lluvia sobre corteza,
y dulzura al poderoso cuerpo que nace del erotismo.

Súbete a lomos de su caballo alado,
y viaja, viaja lejos,
vive, vive intensamente,
descubre que, *Pegaso*,
está en tu corazón constantemente,
incluso cuando el barro recorre tu piel,
siempre quedará un resquicio para respirar.

Euritión

¡Hijo mío!
¿Qué te han hecho?
¿Quién podría hacer daño a un ser tan luminoso,
que cuidaba de esos grandiosos animales rojos,
y les daba de comer y de cariño?

Ahora los bueyes cantan por ti,
mientras *Heracles* limpia su lanza,
que todavía lleva tu sangre,
que a gritos corre por mis venas.

Tú, fiel a tu guardián *Ortro*, descansad ahora
y corred juntos por los prados del *Hades*.
Gerión continuará hablándoles a tus queridos bueyes,
de ti, de mí, mientras les da heno y llora tu muerte.

Hijo mío, ahora, pastor del *Hades*,
la alexitimia de tu asesino será su perdición.

Cada vez que toque la tierra, te oleré,
cada vez que pise la orilla del río Tartesos,
que te vio nacer, te abrazaré,
y cuando bese esta hierba de la costa atlántica,
te pensaré, sobre todo lo demás.

Oasis

Delicadeza en el susurro,
transposición del sol tras la luna,
dejando un anillo trazado en el horizonte,
brillo sobre el huerto en las nupcias.

Generosa *Gea*,
que porta tallos y brotes de cítricos,
jugoso ámbar que proporciona inmortalidad,
en el sueño y en la aspiración,
en el anhelo y el deseo,
regalo que entrega a *Hera* por su himeneo.

Con este hecho,
convierte a la diosa del Olimpo,
en creadora y protectora
del mejor de los mejores edenes,
existentes y por haber.

A un paso de la sierra del Atlas,
septentrión africano,
circundando los bordes del océano,
allí es donde la diosa madre
decidió hacer crecer su obsequio.

Creación de un paraíso,
dorado parterre de intenso aroma,
flores blancas que dan vida al cidro,
refugio de las pléyades más poéticas,
ninfas del atardecer.

Álamo, olmo y sauce,
cuidan del espléndido jardín,
en el lejano rincón de occidente,
entonando su melodiosa voz,
cantando a su padre *Héspero*,
lucero de la tarde.

A su vez, la estrella vespertina,
llama a las guardianas,
doncellas del ocaso,
y les hace participe del atrayente fruto,
bocado de Adán inmaculado,
dulce fluir como el durazno y la canela,
que en la lengua gotea,
y culmina en una victoria alada por el deseo.

Eritía, la roja

Isla de *Juno*, tierra burdeos,
de rojo violado y presente germinación,
señora del suave y candente *Hespéride*,
silueta terrestre de frondosos prados,
tú has traído los cultivos de un romance leal.

Grito, y sale polvo de su boca,
no consigo escuchar su querer,
haz que pueda oírle con la vibración del suelo,
y que consiga entender su propósito,
que da greda al orbe,
y fuego a mi pecho.

¿Es la parsimonia su nombre?
Roja protectora, haz que pueda aclararme,
llévale al interior de tu ser,
y contágiale de ardiente núcleo estelar,
el camino que deriva hacia mí, hacia nuestro yo.

Conserva los minerales propios de tu presencia,
lleva un mar de arena hasta él
y crea moldes de recuerdos hasta el amanecer,
mojados de deseo y exhaustos de sexo.

Revueltos por la grava,
que en un pasado formó parte de nuestros ancestros,
y que hoy en día no distinguimos los lindes
en los que empieza un cuerpo y acaba el otro,
todo, en una inmersión petricor,
de tu sabroso sudor.

Terra Palermo

De tu boca a la mía,
resbalándonos sobre nuestra densidad del placer,
a través de mi quejido extasiado y tu locura propulsora,
que empuja en mi interior un alborozo férvido.

Mil veces sí tras tu promesa,
de enlazar cuerpos y almas,
tallos y brotes,
torso y raza,
corteza y montura,
cincel de delirio jubiloso,
diaforesis seductora de tu ser.

Recostados bajo el árbol,
respirando el dulzor del deseo,
escucho el lenguaje molecular de la naturaleza,
que me hace unirme más a tu pecho,
conexión de ligninas profundas,
aconteciendo la maravilla de la vida.

Todos ellos

Rincón de la aurora terráquea,
estela de ilusiones personificadas
en rostros de hombres que han dejado huella
sobre el arco iris de la liberación,
en el pentagrama de mi procedencia.

Quiero teneros a todos en mi cama,
en un mismo instante,
envueltos en los placeres que nos hacen nacer,
regocijo de piel de naranja, tras el sirimiri de hormonas,
que llaman y gritan mi nombre.

Placer II

Haces tuyo el dominio de mis nalgas,
posees el arte de untarme llamaradas,
en mermelada de manzana,
en jugo de naranja,
en nuestro esperma crisálida,
fruto de pasión lunar,
astro escarlata erguido en mi presencia,
embestida por tu cuerpo.

Sentir tu lluvia cálida en mi rostro,
culminante momento de lujuria poderosa,
y no puedo más que sentir tu gozo,
no pienso, solo siento,
volátil caricia que recorre mi cuerpo desnudo,
magnetismo indescriptible y salvaje.

Lo abstracto e invisible se manifiesta,
y respiro todo tu cuerpo,
navegando en un mar de incontrolable fruición,
sacudida incesable de impulso otoñal,
atracción de luminosa belleza etérea.

Quiero que saques a bocados
cada mineral de mi cuerpo,
hazlos tuyos, mientras clavas
tu mirada y saliva en mis labios,
impregnando miembros de dureza graniza,
siendo cómplices el uno del otro.

Tren a París

Destinados a un encuentro,
en un rincón inesperado de la ciudad viviente,
esparcidos por los pétalos de nuestra libertad,
en un recóndito viaje a lo asombroso,
erección productora de esporas de ventura.

Voracidad

No soy inocente, tan solo lamo,
tras la voz del apetito,
las aceitunas de los árboles mojados,
suplicando el desprendimiento
de la savia al pensamiento extasiado,
creando posturas unidas,
a la lentitud del magma.

Preludio

Dices del río, que lleva tu nombre,
que alivia la herida de la desaparición,
sobre el beso en la espalda,
jardín del deseo junto a tu mirada,
tus ojos, mi luz,
y haces que viva la vida,
no como si fuera el último día,
sino como el primero del resto de ella.

Rincón de sueños

Bucear en un todo,
compartida esencia del galope en el agua,
la hermandad de los astros predictores,
una puerta entre las olas.
Corazón luminoso que dibuja intimidad
en el ojo del arcoíris,
soplo de deseos inevitables al desnudo de *Krónos*.

Rebrotar

A causa de ti, a causa de mí,
porque el viento sopla aire irresistible,
a través de nuestro cabello,
y nuestros nombres quedan desnudos,
uno frente al otro,
dentro de mí, dentro de ti,
concibiendo una primavera en Enero,
y nos mantenemos al margen del tiempo,
entre nuestras manos nacientes,
evitando la ruptura de los días,
capaces de cubrirnos con las flechas bañadas
por la ternura y el culmen,
olvidando a los que buscan,
porque nuestra evasión ha cesado.

Tierna travesía

Hoy nunca acaba,
hoy es mañana y siempre,
un día como cualquier otro,
donde oigo el despertar de la profundidad del alma,
y los tallos de la tierra,
ven lo que hay bajo la superficie,
mirando más allá,
y el corazón habla,
vagando la larga noche,
sin embargo, hacia un camino lleno de pasión.

Lágrima de luz

Habitando las profundas mareas de la desazón,
en un intervalo con la distancia del último romántico,
no encuentro el sol en la piel,
ni la inmediatez del deseo,
por el alma encogida, tras la mística dulzura
de la ley del amor o el triunfo de la pasión,
y el frío quema en el bosque solitario,
donde la flor de loto tiene cabida,
mostrando los pétalos en la superficie,
creando una la lágrima de luz,
creando un nuevo mundo, un nuevo universo,
una nueva vida.

Llamada a la puerta del edén

Cinceladas de tu piel,
contorno de seducción,
de rostro hechizado por un ángel
y arcilla de voz gruesa al canto lírico.

Azar de una nimia contingencia,
tras el llamamiento matutino,
en el final del cuarto trimestre,
elevándote hacia mi puerta húmeda,
umbral magnético muscular,
amalgama de testosterona febril,
incitación al goce de los bramidos.

Mantente en mi interior,
rebosa todo tu músculo mojado en mi naturaleza,
lluvia cúspide impactada en mi organismo,
y exhala tu deseo en mi embocadura,
cargada de libido edénico,
hincando tierra roja a nuestra sangre.

- HÉSPERE -
ATARDECER

Ocaso

Ligero aroma de olivar al probar tu boca,
baño de candente ternura fugaz,
que recorre el instante del paraíso perdido,
irreconocible adoración por el que, un día el corazón,
estallaba de destellos sobrecogedores,
y sin embargo, desprende un sorbo amargo al aquí y ahora,
con oleadas de éxtasis y deseos de arribada esperanza.

Jugosa fruta, de inmortal cualidad insaciable,
aspiro a nadar en tu néctar de amor,
y que me rocíes con la hidria de la refulgencia,
hasta quedar prendado de cada lustre del dorado atardecer,
tendido desnudo frente al ponto salado,
pensando en un ideal de devoción.

Ausencia de ti

Vas dejando rostro de penumbra,
tras la puerta de sol de tu delicadeza,
y la belleza melancólica ocupa lugar,
se hace poderosa sobre todo pensamiento,
eclipsando la tenue luz que desprende tu corazón.
Ya no sé qué está bien o mal,
qué me duele de ti,
pero en la oscuridad de la obra viva,
susurra que no me cuidas estando ahí,
que estás sin ser,
que eres sin riego de ajonjolí.

Vuelve a mí,
vuelve a mi corazón,
¿o soy yo que, mi crecimiento lunar,
ilumina más el lado oscuro,
que antes no alumbraba?

A tientas hago oraciones,
sobre tu áureo venturoso paladar,
abriéndose camino entre mi elevación gloriosa,
y que suavemente desborde palabras incontenibles,
cargadas de abrumador despertar al anochecer,
buscando un encuentro de eterno colmo.

Porvenir

Hay un atisbo certero, de un lugar remoto,
allí donde los temores se evaporan,
y comienzo una nueva vida desde el presente,
siempre acompañado de tu querer,
pero en una nueva fase,
donde quizás algo nuevo espera acontecer,
simplemente una esperanza de belleza,
una creencia de ilusión húmeda.

Un camino a emprender,
con erizada piel de rojo bello,
tras la piel de un contorno de tulipán,
que acaece hechos de amor fugaz,
de sabor a miel.

Y de esa nueva mano,
sumergido sobre hibisco púrpura,
desciendo al anochecer ardoroso,
desasosegados segundos de placer mutuo,
borrando sensaciones desesperantes,
de limitada afección en auge,
con tallos de bulbos en flor,
allí donde los temores se evaporan,
en un paraje de encanto solar.

Apéndices petaloides

Mi único credo, es el nombre que llevas,
y pienso en perseguir el momento que te abracé,
ese primer encuentro de hallazgo fortuito,
incandescentes cuerpos de noche,
magnetismo imparable de las figuras del deseo,
que provocó el acercamiento de tu piel a la mía,
de tu mano rozando mi espalda,
de mi boca en tu cuello,
y una ráfaga perpetua de sol desde tu mirar,
rayos de garzos luminosos en mi alma,
con impaciencia de catar tu dulce lengua,
fascinante recorrido que el destino dibuja,
mientras respiro bocanadas de tu exquisito aire.

Neroli

Del agua caliente que, emana perfumado vapor,
y esencias de cerezo en el aire,
marco pinceladas de dulce sabor en tu carne,
rincón selvático de un tren cargado de visiones,
retorno de un amor de anima forjada,
sobre el arte de la profundidad de mi propio vínculo,
con el revés de la realidad,
haciendo ésta más sincera y fructífera.

Prendándome de una índole portentosa,
amar quien de verdad eres,
lo genuino de tu resuello,
y poder ver con los ojos de la veneración,
la más bella tonada del crepúsculo,
bajo el agua, abismando proximidades de deseos genésicos,
habitando algazara de primordio seminal,
culpable del encanto luminoso del neroli,
fluorescente citronela en aceite de esencia,
recargado de un divisar continuo,
conmoción imparable de voluntades traídas por *Eros.*

Estrella del atardecer

Las musas, en el recodo del camino,
tienden a musitar corazonadas de holgura,
vistiendo tejidos de miocardio fulgurante,
fijando su punto álgido en la puesta de sol.
No alcanza mi comprensión,
hacia la catarata de continua estimulación,
en el que se adentra la gente que observo,
silenciados por conexiones dispersas,
cayendo en el vuelo del puro ego,
que tapa la bóveda zarca,
dejando atrás ríos de dorada miel estelar.

La existencia propia, sólo se hace real,
cuando la refracción del aliento,
es vista por los demás frutos de la campiña,
de lo contrario, la condena al olvido es irremediable,
y una flor necesita ser olida,
requiere de una abeja que recoja néctar de azahar,
de donde se esparce polen interminable de gránulos,
dejando florecer baños de melaza,
embadurnándonos en el licor de mandarina,
porque tú me ves y me haces real,
y puedes abrir los ojos dentro de la confitura de mi amor,
transparente a las lanzas doradas del sol durante la tarde.

Coronado de laurel

La tierra, hermética de comprensión,
ya no da más placer, ya no proporciona aire,
se va marchitando y riega llorando hoja por hoja,
mientras cae cada bráctea, de naranja anochecida,
de jugo intacto malherido sin júbilo.

Pero de entre todas las lágrimas,
el líquido fructífero emociona la arcilla,
y quema de amor seco lo mustio,
rejuveneciendo un goce de esperanza.

Medianoche

Vivo en una perpetua noche,
de ilusiones carnales vibrantes,
estocadas de un buen aire sonoro,
cascada de armonía coloreada,
nocturna velada que cerca el sabor de tu boca.

Convergir

Viaje íntimo de una soledad rechazada,
relación de hombres en un paisaje simbólico,
clave de los momentos más fugaces de la vida,
en los tiempos de la felicidad más orgánica.

El descubrimiento del hombre que llevo dentro,
amanece en un punto de tres seres,
y se divulga lo pródigo del personaje que invoca
una siembra de belleza que, aunque efímera,
marca protagonismos y pausas de locura amarga.

Y corriendo, dando zancadas de liberto,
el fruto de la pasión pide abrirse ante el laurel,
meditando si es naturaleza o capricho,
si de verdad vale la pena,
si el *"dafne"* piensa lo mejor de mí,
o un mero interés de transitorio querer.

¿Para qué tanto planteamiento de un goce existencial?
Punto de partida, uno mismo.
Lleva desde ese lugar tu propósito,
y acertarás el camino que lleva a la noche,
invitando a las ninfas del atardecer
a formar parte de los hechos sempiternos.

Tiempo de luz marina

Ser tu fuerte recuerdo de travesía,
prendiendo calor humano de madrugada,
porque contigo no hay pensamiento,
solo corazón puro y sentimiento
sediento de faro centelleante.

En el compromiso, que tiene mucho
que ver con los sentimientos,
allí, sobre los ojos de tu romance,
embarco ebrio de querer un velero al atardecer,
llamado por tu voz al pronunciar mi nombre.

Nuestra única esperanza,
es la vulnerabilidad de nuestro espíritu,
corazón invariable de tesoro magistral,
rindiéndonos a las *Hespérides*, desde nuestra inducción,
haciendo mella en la historia de tu carne,
besando a bocados tu tierra sagrada,
chorreante de fundente derrame corporal.

Héspere dorada

Hestia Eretusa, polvareda del jardín de Occidente,
maestra de la bella arboleda, de flor gualda,
de áureo baño frutal, circuncisión al tallo y al
espíritu áspero transformativo, divisando a lo lejos
la llegada de los argonautas a platea crucial conquistativa.

Sabroso y decisivo dictamen al engaño del caracol,
trashumancia a la porción nueva del mismo ser,
sin detenerse en el juego de la búsqueda de la complacencia,
y haciendo parada en la delicadeza al tacto
de la cálida luz de la vida, y del verdor a la ilusión.

Desembocadura

La distancia, que orden da al tiempo,
hace que nazca una remota iluminación desconocida,
tan pequeña que era una imagen de luz,
que surgida de la nada y el todo,
desprende amor como el que muere,
y respira vida como el que ama.

Bajo tu existencia,
con el color de tu nombre,
recibiré cestos de miles de doradas cidras,
creciente manjar de cuerpo jugoso al diente,
hundiendo bocado al besarnos,
abismo inexistente de prendido goce,
desintegrando tristezas al frío de los dedos,
reconociéndonos en la búsqueda de lo que nunca acaba.

Piel de aceite

Te inclinas sobre la superficie de la primavera,
donde miro, siento y rozo el viento, cómplice de tu tacto
[lúbrico,
enredado entre tus piernas musculares de remolinos de placer,
incesable reunión de densa luz bañada al atardecer,
que escucha atentamente nuestros gemidos,
mientras avanzamos por las claras palabras del arrebato.

Flor del pensamiento, recobra fuerza al tacto,
cayéndose al tembloroso y lujurioso páramo,
con una fatiga de excelsa fuerza extraña,
y rumor de bordes arraigados al calor de la tarde,
con tu espuma, llenando huellas de ternura
y bordes a la tierra del agua, estremeciendo el momento.

Cuerpo azul oscuro

Mi cuerpo lleva la noche siempre encima,
reviviendo un lugar cargado de visiones,
donde la tierra se origina más allá del bosque,
donde la fuerza del deseo es desenfrenada,
y las caricias son secretas a la fuerza del mar,
con nuestro sudor mezclándose.

Cada uno, con sus miserias y esperanzas ocultas,
diciéndolo todo y dejando espacio a la nada,
llenos de compromisos por la vida,
chispeantes de lluvia cálida rebosante al polvo,
susurramos un acercamiento para que podamos seguir
                                                    [sumergidos,
en el chapuzón hacia el fondo de nuestras almas.

Azules corpóreos marinos,
entretenidos por la incontrolable dicha del orgasmo,
inmensa intensidad del anochecer,
lanzándonos al eco de la palabra muda.

Lacrima del placer

Confiando nuestros cuerpos al placer,
entregando perfumes al borde del sexo,
olvidando la artificialidad del sistema,
amaneciendo libres de carga,
evaporando la sal de las heridas,
aprendiendo nuevas maneras de entender el mundo.

Lubricán

Creía que la felicidad,
estaba al alcance de cualquier existencia,
cerca del idilio volátil de la esperanza,
rebosando de adherencia persuasiva;
y en cuanto menos te lo esperas,
el aire te recuerda ciertos pesares,
trances de pena sin saber a dónde partir,
buscando secretos de la historia de la tierra,
que ayuden a esculpir las sedosas fuentes de mi elixir,
bulbo de ser y querer, devoción en plenitud de brote,
recordándome la vida misma, que el sentir, ya sea
espina o flor, nudo o agua, lubricán o alba,
hace y remueve emociones cruciales,
abrasadores momentos de savia,
que recuerdan el vivaz fogoso de coexistencia,
entre la magia estelar y el efímero individuo oriundo;
y el amor crece, crece y crece...

Luz de vida

Amor, amor mío,
lo principal para mí, es que sigas existiendo,
allí, con tu cuerpo, y aquí, con tu alma.
Amor, amor mío,
con tono cargado de recuerdo,
y memorias en construcción cálida.
Amor, amor mío,
aférrate a mi pensamiento,
consciente de mi sufrimiento y placer.
Amor, amor mío,
aprovechemos los años que nos quedan,
y vayamos creciendo en agua cristalina de mariposa.
Amor, amor mío,
te pienso.

Viaje de ensoñación

Vengo del sueño,
y por un instante dudo si fue real,
tras ciclos diarios de impulsa cantaleta,
insignificante conciencia de personas mediocres,
un atisbo de esperanza cósmica
que atraviesa cada válvula de mi corazón.

Creyendo que mi aura necesita una cura,
una cálida reposición en pos de la maldad humana,
antes de que el destello de la primera estrella se pueda ver,
allí en el atardecer de la isla de los deseos,
caí en un anhelo profundo, y adormecido,
donde respiraba el aire salado del nuevo mañana.

Las olas cabalgaban impetuosas,
mis ojos se entreabrían por su brisa de poniente crepuscular,
y de la espuma de una de ellas, junto a su torrente marino,
una figura esbelta, de luz de luna, danzaba alrededor de mí.

"Natura" dicen unas voces a lo lejos.
Y en efecto, era ella, mágica criatura del universo,
desprendiendo una firmeza de céfiro en las hojas de los árboles.

Yo no tengo miedo ante su presencia,
imponente musa que viene a ofrecer ayuda a la esencia humana,
quédate conmigo y abre tus palmas
como el ave que despliega sus alas,
y acaríciame con tu rubor de arena húmeda.

Hace un canto, una leve señal al océano,
y tres delfines asalmonados, tres bufeos,
mamíferos del Amazonas emblemático,
vienen a nosotros, a jugar con nuestra conexión instantánea,
y recordar al tacto, el efímero placer de la ilusión,
pues vienen a que les acariciemos, ella y yo,
la piel resbaladiza rosada, que junto a la noche es morada,
y nos instalan sonrisas de unión a la vida.

Querida *Natura*,
vuelve cada noche que gustes,
tu semblante lleva inspiración a mi pecho,
y tu ausencia deja un aleteo en la madrugada,
porque la luz, marca la diferencia.

Brújula

¡Qué importante es el amor!
Como un alma, hechizada y dorada,
de peces vigilantes de la delicadeza,
me señala que no estoy perdido,
que simplemente me importa la canela que rocías en mi piel,
y que de entre todas las decisiones,
aparece tu rostro sin deteriorarse,
porque haces que todo parezca posible...

El sueño eterno

Vuela tu voz, auténtica delicia,
susurrando delirios de lujuria,
y acudo a la llamada de tu piel,
como a un fuego en mitad del invierno.

Siempre la escucharé,
abierta y desgarradora voz,
acostumbrada a entrar con golpes de deseo,
sostenida en la memoria de mi garganta,
susurrando el único socorro de soledad,
y de nuevo, acudo a la llamada de tu piel,
como a un fuego en mitad del invierno,
como un sol de medianoche,
encontrándome en la oscuridad más absoluta,
lobregura de luz cegadora,
rugiendo atención de tu cuello,
con hierba en el pelo y barro,
que restriegas sobre mí,
pidiendo que el amor hable,
arrojando vibraciones sobre la protección del alma,
derribando muros de la primera fase de la coexistencia,
pensamiento al camino del fuego libido,
roce ardiente de nuestra bella estrella,
el alivio que todos buscamos.
Nosotros ahí, bajo el destello, cara a cara,
donde respiro el aire del lugar,
te respiro a ti, el sueño eterno.

Último

Poco a poco has hecho del olvido una norma,
una ley marcada por la distancia de mi corazón roto,
difuminando en polvareda la forma de nuestros recuerdos.

El centro de las entretelas del alma
pone en manifiesto que,
la persona que un día fue tu gemela,
desaparece por siempre,
dejándote huérfano del pasado,
haciendo hueco para vibrar ante
un nuevo sol radiante.

Has permitido quedarte sin mí,
mientras que el tiempo pasa,
haciendo del sentimiento dedicado,
un apoderamiento de lágrimas,
sin saber qué decir,
porque en tus abrazos
estaban las palabras más bellas del mundo.

Desde un nuevo lugar

Palabras de amor en ecos de noche terrestre,
sulfurantes de tintes del amanecer,
crecientes colores del cariño, tonos del alba,
sienten en diferentes lenguas una atracción babilónica,
fruto del oasis de una llamada salvaje,
instintivamente, recorrido primitivo del corazón.

Derrítete en mi hombro, mientras busco un río tinto de ataduras,
y el descontrol desborda la idea del ayer, convirtiéndonos en
[arena cósmica,
cristales reflectores de chispas luminosas, que adquirimos en
[una mirada.

Toma mi mano bajo las estrellas,
y pronuncia de nuevo el nombre que llevo en el pecho,
significante visión de la estrella polar,
que parpadea fulgurante de deseos,
y rocía esperanzas sobre nuestras auras de ilusión desenfrenada.

El momento del poeta

El nido de los sueños,
el refugio del poeta,
donde la llama se eleva
atravesando dulces corrientes de agua.

Allí donde estemos juntos,
estrella fugaz de purpurina en lágrima,
allí es a dónde pertenezco,
y el virtuosismo de tu alma,
marca pautas seductoras
a mi creativo corazón,
puesto que de tu garganta nace el pétalo,
cargado de visiones y recuerdos.

Bosquejo

Y el tiempo, que hace que todo cobre sentido,
que todo tenga forma y luz,
hace que la música que suena en el corazón,
palpite a superaciones del alma férrea en nuestro ser,
y va dando pequeños hálitos de vida de un valor incalculable,
haciendo de las páginas en blanco un misterioso camino en el
                                        [que adentrarse,
aventurarse en esta unión de hilos rojos que nos conectan,
y poco a poco, dar voz a la esencia impregnada en mi cuerpo.

Celeste llama

Las *Hespérides* anuncian el final,
aunque la mañana no ha llegado a tocar el cielo,
y el manto cósmico envuelve mis pensamientos de supremacía
                                                                    [infinita,
conjugados por un beso al alba de celeste llama,
encendiendo tesoros del alma viva,
oleada de hidrógeno en helio, núcleo sidéreo en mi vientre.

Cada musa recoge el primer y último cítrico,
época de raíces paralelas de visiones y posibilidades,
dando valor al fruto que, durante una temporada,
fue un germen áureo,
dando campanadas al aire de enero matizado,
con esencia de rayo soleado en invierno.

Desplegando baldosas de tierra roja en el ocaso del ayer,
para emprender el viaje del habla fundida al ánima,
siendo descubierto por un nuevo río carnívoro de deseo,
un impulso de aproximación de los cuerpos,
nacidos de la fascinación del gemido sexual,
una respuesta hecha de placer al nuevo tacto,
junto al esposo que se hace verdadero,
cuna de reconfortantes brazos donde morder y lamer,
siempre en libertad de ensueño, nuestra elevación simultánea
al emanamiento del jugo en el cielo de esos cítricos,
que las musas pensaron un día para mí, para ti y para todos
ofreciendo suspiro de confianza, de espuma dulce y dedos
                                                                    [entrelazados.

Entrelazados

Son las carreteras, que nos llevan y traen,
a un mismo encuentro, de lluvia contemporánea y libre,
lugares recorridos por asfalto, piedras y tierra mojada,
que, en similitud a otros lugares, pertenecen al efluvio de
                                              [nuestra boca.

Ese lugar me recuerda al hogar, que una vez pisé,
y agradezco al tiempo por ello, y a la melancolía de la nube a
                                              [mi alrededor,
siendo parte de un paisaje completamente distinto,
y apareciendo la sonrisa reflejada en el alma del acompañante.

Es cierto que en tu mano llevas la llave,
que depositas en mis labios, retenidos de suculento fluir,
llamando a la puerta de tu cuerpo, atardecer de aquella
                                              [reminiscencia,
mojada, siempre mojada y húmeda,
deseando que la hagas participe en el juego de la cerradura
                                              [jugosa,
observando el clamor del corazón, que pide tu lengua a gritos,
en la carretera que me lleva, directamente a tu sangre
                                              [enloquecida,
por el perfume de esa tierra, nuestro olor al amar más y más,
porque el tiempo, revela nuestro más sincero camino.

Siempreviva

De entre los árboles, nacen las raíces del estremecimiento,
del jolgorio y el goce,
de la supervivencia del placer y el éxtasis.

Quiero que entierren mi cuerpo en esta tierra cálida del bosque,
que en mi lengua depositen la semilla del renacer,
y crezca un frondoso paisaje sobre nuestros cuerpos,
polvo de ángeles alados,
descubriendo tu respuesta física una y otra vez,
descendiendo al mundo de los recuerdos,
panorámica de niebla celeste,
en cicatrices bellas en la piel,
trazando un mapa de evocación al jardín de las *Hespérides*,
teniendo el mismo sueño cada noche,
y descubrir el sabor de la felicidad.

Viveza de querer

Faro vibrante en la orilla de la eternidad,
dando rubor al incienso caliente expectante de misticismo,
navegando en oleadas de flujo volcánico, hacia el corazón
[magmático,
custodiando el ideal floreciente de destello amoroso,
porque mi sangre está hecha del placer hedónico,
sintiendo como nombre propio el epicureísmo,
observando y viviendo el grito mudo hasta el quejido,
de pura satisfacción carnal, al oído de la brisa de la arboleda y
[su susurro,
llevándote en mi corazón, aún sin conocerte,
expectante de encontrarte y ser encontrado en el anochecer
[ocre,
sosteniendo la cerilla encendida en mi mano,
humedeciéndola en mi boca deseosa,
paladar de *Héspere* iluminada,
contagiosa de universo primaveral al roce de la caricia.

Roce del deseo

Rindiéndome al último ocaso del año,
conversando con la ausencia de tu presencia,
observo el agua del manantial,
que traerá lo que el corazón demanda,
mientras el colibrí que bebe de mi sangre,
hace que descubra su lenguaje,
y cantará a la luz de mis deseos.

Lunes 19 de febrero

En la desnuda mirada de tu gemido,
aparece el hogar del duende,
propulsión de resbaladizo sudor dulce en tu piel,
que se convierte en la mía,
dejando atrás el tiempo y haciéndolo propio de nosotros,
creando un instante infinito en la retentiva boca,
esparciendo la hierba de tu pelo,
siendo partícipes de un estallido salvaje,
cabalgándome hacia las profundidades de tu interior,
interminable saciedad espolvoreada.

(T)iempo (I)ncesante (M)ilagroso

Y tu voz, dulce de amor,
palpita en mi cielo, rebosante de tu tacto,
fruto del paraíso más orgánico,
abrazo incesante de nuestras almas,
eterna coronación de nuestras carnes excitadas,
raíces nacidas del gozo mutuo,
mejilla ruborizada de puro sexo hacia la blanca espuma.

Las bellas corrientes vestidas de salvaje y, la fuerza del *fatum*,
marcan nuestros pechos, llenos de luz estelar,
debiéndose la flor al tallo de tu lengua,
proveniente soplo de fulgor adyacente a tu vívida piel,
camino del jardín sonrosado del vientre que llama a mi flecha,
herederos de los hijos del placer hedónico.

Caminando juntos por el eco del crepúsculo,
nos convertimos en desatados seres al borde del inicio del
                                                        [mundo,
y bailamos mojados por un río de floreciente germen de
                                                [entregado presente,
resplandeciendo al acecho de la salvación,
cada vez que contemplo tu rostro de ensoñación mirándome,
apasionado nenúfar que desafía con pureza lo terrenal.

Al igual que amar

Transformar todo en ocaso,
para que en el descansar de las pupilas,
comience a soñar y sentir tu mordedura sobre mi cuerpo,
y revivir el tiempo durante el gemido todo en llama,
para saber que fue real una vez, y que no fue una sombra,
que fue tan verdad, que mi nombre, tiene múltiples dotes de
                                        [fidelidad
a la esencia, y el calendario, al mismo suelo que pisamos,
que no olvida tus pasos arrastrando y persuadiendo a mis
                                        [deseos,
porque las estelas de los cometas más vibrantes, nunca se
                                        [apagan.

Cada noche

Con la esperanza de sobrepasar los límites del amor,
del alma que se encuentra perdida,
y del aroma que viene del tiempo transcurrido juntos,
doy fe a la leve brisa, del descubrimiento desatado por los
                                                    [amantes,
del dorado corazón que partió de su ciudad a orillas profundas,
y del traspaso de la piel, que conforma aquello que más
                                                    [amamos,
grabando el maullido de tu recuerdo en el silencio del
                                                    [amanecer,
dibujando sobre el espejo la huella de tu primavera,
nuestro cruce de redención,
porque siempre supe que fuiste el lector de mis sueños,
susurrando al viento que marque sobre mi piel,
los signos más tiernos y libres que puede escuchar el aire,
y sencillamente, el bello misterio de los días inesperados,
encienden y abrazan la desnudez de la noche.

ÍNDICE

- EGLE - ESPLENDOR **11**

Génesis 13
Ars Amandis 14
Hálito 15
Egle o brillo 16
Torso del suspiro 18
Amarelo 19
Donde habita la belleza 20
Lucero sereno 21
Fantasía 22
Aura de azahar 23
Renacer 24
Salto de agua 25
Cólquida 26
Ecuménico 27
Brisa aguamarina 28
Gorguera 29
Éter 30
Efigie 31
Manzana dorada 32
Oleicultura 33
Visceral 34
Visceral II 35
Sobre todos nosotros 36
Pétalo 37
Alas 38
Adelphé - αδελφή 39
Placer 40
Florecido 41
Bello huomo 42

Manzana mordida.. 43
Mattianum 44

- ERITÍA - TIERRA ROJA 45

Ariadna o la mezcla del destino 47
Nostra insula 48
Trifasciata.. 49
Germinar 50
Semilla 51
Morada 52
Ardiente reposo 53
Tierra vergel 54
Redención... 56
Euritión... 57
Oasis... 58
Eritía, la roja.. 60
Terra Palermo.. 61
Todos ellos 62
Placer II 63
Tren a París 64
Voracidad 65
Preludio 66
Rincón de sueños 67
Rebrotar.. 68
Tierna travesía.. 69
Lágrima de luz 70
Llamada a la puerta del edén... 71

- HÉSPERE - ATARDECER... 73

Ocaso.. 75
Ausencia de ti... 76
Porvenir.. 77

Apéndices petaloides 78
Neroli 79
Estrella del atardecer 80
Coronado de laurel 81
Medianoche 82
Convergir 83
Tiempo de luz marina 84
Héspere dorada 85
Desembocadura 86
Piel de aceite 87
Cuerpo azul oscuro 88
Lacrima del placer 89
Lubricán 90
Luz de vida 91
Viaje de ensoñación 92
Brújula 94
El sueño eterno 95
Último 96
Desde un nuevo lugar 97
El momento del poeta 98
Bosquejo 99
Celeste llama 100
Entrelazados 101
Siempreviva 102
Viveza de querer 103
Roce del deseo 104
Lunes 19 de febrero 105
(T)iempo (I)ncesante (M)ilagroso 106
Al igual que amar 107
Cada noche 108